BEI GRIN MACHT SICH WISSEN BEZAHLT

- Wir veröffentlichen Ihre Hausarbeit, Bachelor- und Masterarbeit

- Ihr eigenes eBook und Buch - weltweit in allen wichtigen Shops

- Verdienen Sie an jedem Verkauf

Jetzt bei www.GRIN.com hochladen und kostenlos publizieren

Bibliografische Information der Deutschen Nationalbibliothek:

Die Deutsche Bibliothek verzeichnet diese Publikation in der Deutschen National-
bibliografie; detaillierte bibliografische Daten sind im Internet über http://dnb.d-
nb.de/ abrufbar.

Impressum:

Copyright © 2015 GRIN Verlag, Open Publishing GmbH
Druck und Bindung: Books on Demand GmbH, Norderstedt Germany
ISBN: 978-3-668-15216-8

Dieses Buch bei GRIN:

http://www.grin.com/de/e-book/316332/der-mensch-im-grenzzustand-die-phasen-
des-sterbens-in-arthur-schnitzlers

Rieke Höller

Der Mensch im Grenzzustand. Die Phasen des Sterbens in Arthur Schnitzlers Novelle "Sterben"

GRIN Verlag

GRIN - Your knowledge has value

Der GRIN Verlag publiziert seit 1998 wissenschaftliche Arbeiten von Studenten, Hochschullehrern und anderen Akademikern als eBook und gedrucktes Buch. Die Verlagswebsite www.grin.com ist die ideale Plattform zur Veröffentlichung von Hausarbeiten, Abschlussarbeiten, wissenschaftlichen Aufsätzen, Dissertationen und Fachbüchern.

Besuchen Sie uns im Internet:

http://www.grin.com/

http://www.facebook.com/grincom

http://www.twitter.com/grin_com

Rieke Höller

Sommersemester 2014

Gegen alles, sagt das Sprichwort, gibt es Mittel, nur nicht gegen den Tod.[*] Über die Sterbephasen nach Kübler-Ross in *Sterben* und Schnitzlers Kritik am Umgang mit Sterbenden.

Inhaltsverzeichnis

1 Einleitung

„Das rein pathologische [!] ist nun einmal für die Kunst verloren, so rett ich [...] den Helden in einen Grenzzustand, einen Kampf, indem er unterliegt."[1]

Von dieser Prämisse ausgehend – notiert von Arthur Schnitzler in seinem Tagebuch - erfolgt meine literaturwissenschaftliche Analyse der Novelle *Sterben*. Anhand ausgewählter Textbeispiele soll der „Grenzzustand" skizziert werden, in dem sich sein Protagonist Felix von dem Moment an befindet, in dem er mit der Botschaft, die seine zukünftige Lebenszeit auf ein Jahr begrenzt, konfrontiert wird. Als „Beförderungsvehikel" dient dem Autor Tuberkulose, die im Kontext der damaligen Zeit besprochen wird. Der Hauptfokus liegt auf dem Umgang des Todgeweihten und seiner Umwelt in Anbetracht der infausten Erkrankung. Die eingesetzten literarischen Mittel des Autors werden kurz erörtert und da Felix' Sterben an den Untergang einer Liebe geknüpft ist, werden auch die Auswirkungen seines Sterbensprozessen auf die Liebesbeziehung Gegenstand dieser Seminararbeit sein.

2 Das Grausame Experiment

„Angelegt ist der Text wie ein Experiment."[2] Schnitzlers Versuchsanordnung ist überschaubar und der Beobachtungszeitraum von einem Jahr: „Marie, Marie ich hab dir's nicht sagen wollen. Ein Jahr noch, und dann ist es aus,"[3] klar und begrenzt. Pietzker erkennt eine Herauslösung Felix' und Maries aus sozialem Gefüge[4]: über Tätigkeiten und familiäre Belange wird nahezu nichts verraten. Grote teilt diese Ansicht: „Schnitzler verzichtet auf soziale und personale Bezugsfelder. Materielle Bedingungen spielen keine Rolle, Konflikte mit der Außenwelt fehlen."[5] Matthias ist der Meinung, dass dieser Tatsache Schnitzlers „Tendenz zur Typisierung"[6] zugrunde liegt.[7]

---

[1] Arthur Schnitzler: Tagebuch. 1913-1916. Wien: Österreichische Akademie der Wissenschaften 1983, S. 78.
[2] Carl Pietzker: Sterben. Eine nouvelle expérimentale. In: Hee-Ju Kim, Günter Saße (Hg.): Interpretationen. Arthur Schnitzler. Dramen und Erzählungen. Stuttgart: Reclam 2007, S. 29.
[3] Arthur Schnitzler: Sterben. Novelle. Hee-Ju Kim (Hg.). Stuttgart: Reclam 2010, S. 9.
[4] Vgl. Pietzker (Anm. 2), S. 29.
[5] Katja Grote: Der Tod in der Literatur der Jahrhundertwende. Der Wandel der Todesthematik in den Werken Arthur Schnitzlers, Thomas Manns und Rainer Maria Rilkes. Frankfurt: Peter Lang 1996, S. 58.
[6] Bettina Matthias: Masken des Lebens. Gesichter des Todes. Zum Verhältnis von Tod und Darstellung im erzählerischen Werk Arthur Schnitzlers. Epistemata: Reihe Literaturwissenschaft: Bd. 256. Zugl.: Seattle, Washington, Diss. 1998. Würzburg: Königshausen & Neumann 1999, S. 64.
[7] Vgl. ebd.

Fehlende Individualisierung wertet sie als Intention des Autors den „Fall" allgemeingültig darzustellen, kritisiert den „steril-luftlosen Unterton".[8] Aber eben diese „Isolierung" erlaubt einen intensiven Fokus auf das Innenleben der Protagonisten: „Nur umeinander kümmerten sie sich, der Wald, der See, das kleine Haus, - das war ihre Welt."[9] Alfred, Felix' Freund und Arzt, ist die einzige Person, mit der die beiden regelmäßig in Kontakt stehen. Somit sind sie sich ausgelieferter, als wenn sie sich mit Freunden und Familienangehörigen umgeben würden.

Die Angabe über die verbleibende Zeit von einem Jahr schafft einen definierten Beobachtungszeitraum, denn das Verhalten der Protagonisten wird ins Extreme gesteigert, weil sie den nahenden Tod weniger verdrängen können, als Menschen, die nicht genau wissen, wann das Ende naht.[10]

2.1 Tuberkulose – eine todbringende Erkrankung

In der 1894 erschienenen Novelle *Sterben* thematisiert Schnitzler nicht nur Felix' Sterbeprozess sondern auch das Sterben einer gemeinsamen Liebe unter dem Damoklesschwert des nahenden Todes. Mit Hilfe der Tuberkulose[11], zwar nicht explizit im Text genannt, dürfte der damaligen Leserschaft zu genüge bekannt gewesen sein, bringt der Autor den Protagonisten in den oben erwähnten „Grenzzustand". Die Beschäftigung mit der Tuberkulosefrage war zur damaligen Zeit von großer Bedeutung. „Seit der zweiten Hälfte des 18. Jahrhunderts [...] [war sie] unbestrittene Herrscherin in den Sterbelisten Wiens."[12] 20 Menschen starben damals pro Tag an Tuberkulose, und für die Hälfte aller Todesfälle von Arbeitern war sie verantwortlich.[13] Um die Jahrhundertwende machten 95-97% aller Jugendlichen bis zum 18. Lebensjahr eine Tuberkuloseinfektion durch bzw. reagierten tuberkulinpositiv; tuberkulosekrank wurden aber lediglich 5-10 % aller Infizierten.[14]

---

[8] Ebd. S. 66.

[9] Schnitzler (Anm. 3), S. 31.

[10] Vgl. Grote (Anm. 5), S. 30.

[11] Bakterielle Infektionskrankheit mit weltweiter Verbreitung, die chronisch verläuft und sich v.a. in den Atemorganen manifestiert, hat in Westeuropa ihren lebensbedrohlichen Charakter verloren: Vgl. Pschyrembel, Willibald (Hg.): Pschyrembel. Klinisches Wörterbuch. Berlin: de Gruyter ^{259}2001, S. 1701.

[12] Brigitta Schader: Schwindsucht – Zur Darstellung einer tödlichen Krankheit in der deutschen Literatur vom poetischen Realismus bis zur Moderne. Europäische Hochschulschriften. Reihe 1. Frankfurt: Peter Lang 1987 zitiert Erna Lesky: Die Wiener Medizinische Schule im Neunzehnten Jahrhundert. Graz-Köln 1965, S. 46.

[13] Vgl. ebd. S. 332.

[14] Vgl. Walter Bräutigam, Paul Christian: Psychosomatische Medizin. Ein kurzgefaßtes Lehrbuch für Studenten und Ärzte. Stuttgart: Thieme ^{2}1975, S. 94.

Schader spricht von Tuberkulose als einer exakt diagnostizierbaren aber weitestgehend unheilbaren Krankheit.

Die angegebene Frist von einem Jahr in *Sterben* ist also glaubhaft und da die Krankheit relativ „unspektakulär verläuft,"[15] wird die Aufmerksamkeit der Rezipienten „nicht durch heftige Affekte [ge]stört."[16]

Der Mediziner Schnitzler studierte experimentelle Methoden an der Universität Wien, die sich auf Professor Claude Bernard berief,[17]dem er in „Sterben" einen Kurzauftritt einräumt: „Ich war beim Professor Bernard, der hat mir wenigstens die Wahrheit gesagt."[18]

Schnitzler experimentiert nach Pietzker „literarisch objektivierend"[19] mit eigenem Verhalten und Gefühlen. 1886 infiziert er sich selbst mit Tuberkulose und bevorzugt für seine Novelle den Terminus „Studie".[20] Die „Todeskrankheit"[21] rafft den jungen Felix – daran dürfte es für die Leser von Beginn an keine Zweifel geben – am Novellenende dahin. Er erleidet einen „häßliche[r]n Tod"[22], stirbt „mit weit auseinandergespreizten Beinen"[23] an den Folgen einer Krankheit, die Schader als „unaufrichtige Krankheit"[24] bezeichnet, da sie den Kranken und seine Umgebung mit „scheinbaren Wohlsein"[25] betrügt. In *Sterben* dient Felix' Tuberkuloseerkrankung Schnitzler als Medium für die Kreation eines „inneren Entwicklungsprozesses".[26]

2.2 Novellenarchitektur nach Pietzker

Pietzker führt aus, dass das Experiment den Sterbeprozess chronologisch von der Diagnose bis zum Tod beschreibt. Gefühle und Gedanken wandeln sich im Laufe der Novelle, die Todesangst des Kranken, jede Illusion Lügen strafend, bleibt eine Konstante. 23 Kurzkapitel lesen sich wie ein in sich geschlossener Einakter.

---

[15] Vgl. Pietzker (Anm. 2), S. 32.
[16] Ebd.
[17] Vgl. ebd. S. 33.
[18] Vgl. Schnitzler (Anm. 3), S. 10.
[19] Vgl. Pietzker (Anm. 2), S. 33.
[20] Vgl. ebd. S. 34.
[21] Schnitzler (Anm. 3), S. 40.
[22] Schader (Anm. 12), S. 106.
[23] Schnitzler (Anm. 3), S. 108.
[24] Schader (Anm. 12), S. 106.
[25] Ebd.
[26] Vgl. ebd.

Darin erkennt Pietzker Statik, die in Verbindung mit der Dynamik eines nicht mehr aufzuhaltenden Prozesses genaues Beobachten durch die Leser erlaubt.[27]

Die erste Phase (Exposition) ist nach Pietzker gekennzeichnet durch Schock und Verleugnung.[28] Marie gibt die Geisteshaltung des Verleugnens: „ [...] wollte nichts verstehen."[29] „Du wirst nicht sterben, nein, nein [...]"[30] gedanklich erst sehr spät auf, verlangt von Alfred: „Geben Sie mir Gift."[31] „Gift! Ich will nicht eine Sekunde länger leben als er, und er soll es glauben."[32] Pietzker spricht in diesem Zusammenhang von „romantischem Liebesabsolutismus".[33] Der Arzt und Freund verordnet Erholung im Gebirge. Felix' Gedanken sind in dieser Phase noch rational: „Ich habe kein Recht, dein Schicksal an meins zu ketten [...]."[34] Die zweite Phase bestimmen Verleugnung, Beruhigung und Glücksgefühle.[35] „Sie beginnen einander zu mißtrauen, werden sich fremd."[36] In der dritten Phase (Peripetie) versucht Felix im Hier und Jetzt zu leben, den Moment zu genießen. Kapitel 12 bildet den Übergang zwischen der dritten und vierten Phase - Pietzker weißt auf Alfreds geflüsterte Worte hin: „Mein armer Freund!"[37] mit der die Leser endgültig auf die Unabwendbarkeit Felix' Schicksal hingewiesen werden.[38] Die fünfte Phase bringt wie beim klassischen Dramenverlauf die Katastrophe.

2.3 Der „Mordversuch"

Folgende Textstelle veranlasst Pietzker zur Annahme, dass es im „im frühlingshaft blühenden Meran zum Mordversuch [kommt]."[39]

> „Der [Felix] faßte den Kopf Mariens mit beiden Händen, wie er oft in wilder Zärtlichkeit getan. "Marie", rief er aus, „nun will ich dich erinnern." Ich will dich an dein Versprechen erinnern", sagte er hastig, „daß du mir mir sterben willst." [...] „Ich nehme dich mit, ich will nicht allein weg. [...] Ihr Kopf war unbeweglich zwischen seinen Händen, die ihn krampfhaft an den Schläfen und Wangen zusamenpreßten."[40]

---

[27] Vgl. Pietzker (Anm. 2), S. 34-35.
[28] Vgl. ebd., S. 36.
[29] Vgl. Schnitzler (Anm. 3), S. 9.
[30] Vgl. Schnitzler (Anm. 3), S. 11.
[31] Ebd. S. 19.
[32] Ebd.
[33] Vgl. Pietzker (Anm. 2), S. 36.
[34] Vgl. Schnitzler (Anm. 3), S. 19.
[35] Vgl. ebd. S. 36.
[36] Ebd. S. 36.
[37] Schnitzler (Anm. 3), S. 60.
[38] Vgl. Pietzker (Anm. 2), S. 36.
[39] Ebd. S. 37.
[40] Schnitzler (Anm. 3), S. 105-106.

Marie empfindet diese körperliche Attacke als Bedrohung ihres Lebens und flüchtet daraufhin:

> „Sie war ihrer Sinne nicht mächtig. Er hatte sie erwürgen wollen. Noch fühlte sie seine herabgleitenden Finger auf ihre Schläfen, auf ihren Wangen, auf ihrem Halse."[41]

Sie wird vom Gedanken getrieben, dass ihr einstmals geliebter Partner, sie töten will. Aber es In dieser Textpassage finden sich aber auch Indizien, die dagegen sprechen, dass es sich explizit um einen „Mordversuch" handelt. „Ihrer Sinne nicht mächtig" – lässt den Interpretationsspielraum zu, dass Marie so durcheinander ist, dass ihr eine adäquate Einschätzung der Lage nicht gelingt. Seine Finger „gleiten herab", als sie sich aus einer Umklammerung befreit, die ihren Kopf und nicht den Hals fest drücken. Felix' Wunsch Marie mit in den Tod zu nehmen, ist neben seiner Angst zu sterben eine den Text durchziehende Konstante. Ihren Tod wünscht er sich bereits nach circa drei Monaten, nachdem er die Diagnose erhalten hat, behält seine Gedanken anfangs aber noch für sich: „Wenn du mich lieb hast, stirb mit mir, stirb jetzt. Aber er ließ sie weiter schlummern [...]."[42] Er ist der grausamen Überzeugung, dass Marie „verpflichtet sei mit ihm zu leiden, mit ihm zu sterben." [43] Dem letzten Angriff geht ein Übergriff voraus:

> „ All seine Kraft schien ihm wiedergekehrt, er preßte sie heftig an sich. „Bist du bereit, Marie?" flüsterte er, seine Lippen ganz nahe an ihrem Halse. Sie verstand nicht, sie hatte nur die Empfindung einer grenzenlosen Angst. [...] „Bist du bereit?" fragte er nochmals, während er sie weniger krampfhaft festhielt, so daß ihr seine Lippen, sein Atem, seine Stimme wieder ferner waren und sie freier atmen konnte."

Felix wünscht sich, dass Marie „freiwillig" mit ihm in den Tod geht, und das erreicht er nur, wenn er nicht Hand an sie legt. Warum sie allerdings so lange wartet, obschon die Bedrohung durch Felix in dieser Textstelle die erste körperliche Manifestation findet, muss wohl ihrem tief verankerten Pflichtbewusstsein geschuldet sein. Felix' Persönlichkeitsprofil weißt im Übrigen keinen ausgeprägten Tatendrang auf, sein Wollen findet kaum Umsetzung in die Tat.

Sein Beruf ist vermutlich der eines Schriftstellers, aber seit Erhalt der Diagnose hat er keine Zeile mehr geschrieben: „Wie er wieder das erste Mal den Bleistift übers Papier führen wollte [...]."[44] Auch hier führt das Wollen nicht zum Tun. Felix ist im präfinalen Stadium zu einem

---

[41] Schnitzler (Anm. 3), S. 106.
[42] Ebd. S. 41.
[43] Ebd. S. 71.
[44] Ebd. S. 28.

Mord körperlich nicht mehr in der Lage, dennoch flieht Marie in Todesangst. Matthias bezeichnet diese „Tat" als Felix „letzte große Interaktion".[45]

3   Erzählstrategien in *Sterben*

Hee-Ju hebt die „distanzierte erzählerische Gestaltung"[46] in *Sterben* hervor und weist auf die „nüchterne" Literarisierung der Todesproblematik hin, die im Gegensatz zur zeitgenössischen literarischen Verarbeitung steht, die geneigt war das Thema Tod zu ästhetisieren.[47] Felix und Marie werden als vergangenheitslose Individuen dargestellt, deren Erleben nur Bezug zur Gegenwart hat. Schnitzler vermeidet individual- und sozialpsychologische Konkretisierungen.[48] „Überindividuelle Reaktionsweisen rücken ins Zentrum, insbesondere die Angst vor dem Tod."[49]

Mittels erlebter Rede und innerem Monolog lässt sich in das Innere der Figuren eindringen, Bewusstseinszustände und Empfindungen für die Leser „freilegen".

Um die Empfindungen und Reflexionen seiner Protagonisten an die Oberfläche zu transportieren wendet Schnitzler eine Extremform in der Erzählstrategie an: den inneren Monolog,[50] „den Schnitzler als erster deutschsprachiger Autor bereits um 1900 [...] erprobt und 1924 in *Fräulein Else* zu einem subtilen Medium psychologischer Darstellung ausgestaltet [...]."[51] Pietzker erkennt mit dem fortschreitenden Entfremdungsprozess zwischen Marie und Felix einen Rückzug der Figuren ins eigene Innere, der sich in einer Zunahme der inneren Monologe äußert.[52]

Auch Grote ist der Ansicht, dass sich der Distanzierungsprozess zwischen Marie und Felix in einer Reduktion der Dialoge und der Zunahme von erlebter Rede und inneren Monologen manifestiert.[53]

---

[45] Matthias (Anm. 6), S. 70.
[46] Schnitzler (Anm. 3), S. 118.
[47] Vgl. ebd. S. 119.
[48] Vgl. ebd. S. 123.
[49] Ebd. 123
[50] Vgl. Barbara Neymeyr: Nachwort. In: Barbara Neymeyr (Hg.): Arthur Schnitzler. Flucht in die Finsternis. Stuttgart: Reclam 2006, S. 127.
[51] Ebd.
[52] Vgl. Pietzker (Anm. 2), S. 41.
[53] Vgl. Grote (Anm. 5), S. 60.

Die Wirkung der erlebten Rede (graphisch hervorgehoben) und analysiert von Grote[54] soll an einem Textbeispiel eindrucksvoll das eben Gesagte veranschaulichen: Felix und Marie befinden sich auf ihrer letzten gemeinsamen Reise, auf der „jeder Angst [hat] vom anderen überlistet zu werden."[55] Beide bemühen sich scheinbar um Gelassenheit.[56]

Dann sagte er langsam: „Marie, mich wird der Morgen nicht mehr täuschen und auch der Süden nicht. Heute weiß ich."

> Warum spricht er jetzt so ruhig, dachte Marie. Will er mich in Sicherheit wiegen. Hat er Angst, daß ich mich zu retten versuche?

Und sie nahm sich vor auf der Hut zu sein. Sie beobachtete ihn ununterbrochen, sie hörte kaum mehr auf seine Worte, verfolgte eine jeder seiner Bewegung, jeden seiner Blicke. Es sagte: „Du bist ja frei, auch dein Schwur bindet dich nicht. Kann ich dich zwingen? - Willst du mir nicht die Hand reichen?"
Sie gab ihm die Hand, aber so, daß die ihrige über der seinen ruhte.
„Wär nur der Tag da!" flüsterte er.
„Ich will dir etwas sagen, Felix," meinte sie jetzt. „Versuche doch ein wieder ein wenig zu schlafen! Der Morgen kommt bald; in ein paar Stunden sind wir in Meran."
„Ich kann nicht mehr schlafen!" erwiderte er und schaute auf.
In diesem Augenblick trafen sich ihre Blicke. Er merkte das Mißtrauische, Lauernde in den ihren.

> In demselben Moment war ihm alles klar. Sie wollte ihn zum Schlafen bringen, um in der nächsten Situation unbemerkt aussteigen und entfliehen zu können.

„Was hast du vor?" schrie er auf.
Sie zuckte zusammen: „Nichts!"[57]

Hier wird durch die Kombination der direkten Figurenrede, Erzählerbericht und erlebter Rede verdeutlicht, wie sehr sich Gesprochenes von Gedachtem unterscheiden kann.[58] Erst die Gedankengänge, die Schnitzler als erlebte Rede zwischen die Dialoge webt, machen das Ausmaß der Bedrohung und der Angst, die beide empfinden, für den Leser erfahrbar.

„Dem Erzähler von *Sterben* [...] ist die [...] Nüchternheit eines Diagnostikers eigen."[59] Aber aufgrund der virtuosen Kombination verschiedener Methoden des Erzählens entsteht keine „nüchterne Novelle" oder bloße Fallstudie. Es ist der Kampf eines zum Tode verurteilten jungen Mannes um sein Leben und das seiner Partnerin um das eigene.

---

[54] Vgl. ebd. S. 70-71.
[55] Ebd. S. 70.
[56] Vgl. ebd.
[57] Schnitzler (Anm. 3), S. 93.
[58] Vgl. Grote (Anm. 5), S. 60.
[59] Schnitzler (Anm. 3), S. 119.

3.1 Prädisposition zum Pathologischen

Schnitzlers Interesse gilt der menschlichen Psyche.[60] Die Persönlichkeitsstruktur der Schnitzer-Figuren weist häufig eine Prädisposition zum Pathologischen auf.

3.1.1 Else in Fräulein Else

Ein anschauliches Beispiel stellt die instabile und narzisstische Persönlichkeitsstörung der jungen Else in *Fräulein Else* dar, die im Novellenverlauf dazu führt, dass ihre Psyche unter familiären Druck und gesellschaftlichen Konventionen zusammenbricht, und sie keinen anderen Ausweg sieht, als sich mit Schlafmittel zu töten. Schnitzler erzeugt auch in diesem Text eine Krisensituation, lässt die Figur kämpfen und schließlich unterliegen. Neymeyr erkennt darin eine „seelische Desintegration,"[61] ausgelöst durch einen Konflikt.[62] Eine seelische Auflösung bedingt abgesehen von einer extremen Krisensituation ein nicht gesundes und instabiles Persönlichkeitsprofil. Else ist hin und hergerissen zwischen Depression und narzisstischen Phantasien, wenn sie zwischen: „Schön bin ich eigentlich nicht [...]"[63] , „Ich hab ja eigentlich zu nichts Talent,"[64] und „Ich habe eine edle Stirn und eine schöne Figur,"[65] schwankt.

3.1.2 Felix in *Sterben*

Felix ist ein sehr ich-bezogener junger Mann mit starkem Hang zu einem egozentrischen Weltbild und sadistischen Tendenzen. Es gibt keine einzige Stelle im Text, in der er seine Freundin auch nur einmal fragt was in ihr vorgeht oder was sie sich wünscht. Zu Novellenbeginn erinnert er Marie zum ersten Mal an ihr Versprechen: „Es war zum mindesten – einmal deine Absicht? Mein Schicksal sollte ja das deine sein?"[66] An seine Worte: „Ich hab' auch gar nicht das Recht, dich mit mir zu ziehen, [67] zu Beginn geäußert, verliert er jede Erinnerung. Auch als ihn die Krankheit körperlich noch nicht einschränkt und ihm noch keine Schmerzen bereitet, ist er ununterbrochen mit seinen Befindlichkeiten beschäftigt, sorgt sich ohne jede Empathie nur um sich selbst.

---

[60] Vgl. Pietzker (Anm. 2), S. 33.
[61] Barbara Neymeyr: Fräulein Else. Identitätssuche im Spannungsfeld von Konvention und Rebellion. In: Hee-Ju Kim, Günther Saße (Hg.). Interpretationen. Arthur Schnitzler. Dramen und Erzählungen. Stuttgart: Reclam 2007, S. 192.
[62] Vgl. ebd.
[63] Arthur Schnitzler: Fräulein Else. Novelle. Johannes Pankau (Hg.). Stuttgart. Reclam 2002, S. 18.
[64] Ebd. S. 20.
[65] Ebd. S. 21.
[66] Schnitzler (Anm. 3), S. 36.
[67] Ebd. S. 13.

„ Aber deine Lustigkeit, aufrichtig gesagt, die vertrag' ich nicht recht. Ich stelle es dir daher frei, dein Schicksal schon innerhalb der nächsten Tage von dem meinen zu trennen."[68]

Der erste Vorwurf an Marie kommt bereits im Sommerurlaub am See, als er ihr verbittert klar macht, dass es ihr nicht zusteht, einen Sommertag schön zu finden: „ Du weißt es ja nicht [...]. Du kannst es nicht wissen, du mußt ja nicht Abschied davon nehmen."[69]

4   Liebe im Wandel der Jahreszeiten

Nach Erhalt der Diagnose bekommt die Liebe des Paares nach circa drei Monaten die ersten Risse. Die folgenden Kapitel sollen die Liebe im Wandel beleuchten.

4.1   Die Grenze

Der Graben, den die Diagnose zwischen Felix und Marie entstehen lässt, wird von Felix sehr früh gezogen: „Weißt du, wie so mit einem Male die Grenze gezogen wurde, sah ich so scharf so gut."[70] Marie gelobt im ersten Schock mit ihm sterben zu wollen: „Ich kann ohne dich nicht sein."[71] Felix erkennt, dass er diesen Worte, die ihn „berauschen"[72] keinen Glauben schenken kann: „Ich muß gehen, und du mußt bleiben."[73] Eine angebrachtere Reaktion wäre es, wenn Felix Maries Worte ängstigen würden.

Eine „Grenze" trennt Leben von Tod, den todgeweihten Kranken von der hoffnungsvoll Gesunden: „Sie war ihm nicht mehr als ein Teil des Daseins überhaupt. Sie gehörte zum Leben [...], das er nun doch einmal lassen mußte, nicht zu ihm."[74] Im späteren Novellenverlauf überschreitet Felix diese gezogene Grenze zum Pathologischen hin, indem er sich Maries Tod wünscht. Er imaginiert vielfältige Tötungsmodalitäten und bewegt sich eindeutig weg von allem Rationalen, das ihm zu Beginn noch innewohnte.

Felix ist nicht in der Lage seinen eigenen Todeszeitpunkt festzulegen, obwohl er sich Freitodphantasien hingibt, fehlt ihm letztendlich der Mut zur Durchführung:

> „Als er aber begann, ernstlich über die Ausführung dieses Planes nachzudenken [...] fühlte [er] tief, daß er es nicht konnte, nimmer können würde."[75]

---

[68] Ebd. S. 37.
[69] Ebd. S. 27.
[70] Ebd. S. 11.
[71] Ebd. S. 13.
[72] Ebd. S. 14.
[73] Ebd.
[74] Ebd. S. 40
[75] Schnitzler (Anm. 3), S. 39.

Er träumt von „eine[s]m raschen Ende aus eigenem Willen, stolz und königlich,"[76] avanciert letztendlich aber zum gottähnlichen Richter, der bestimmen möchte, wie Marie dieses Leben hinter sich zu lassen hat:

> „Nur eines störte ihn [...], daß sie nicht freiwillig mit ihm davon sollte. Aber er hatte Zeichen dafür, daß ihm auch das gelingen würde."[77]

4.2 Frühling

Die Liebesbeziehung zwischen Marie und Felix, von der die Leser an einem „entschwindenden Maitag"[78] erfahren, ist am ehesten als symbiotisch zu bezeichnen. Am ersten Abend nach Erhalt der Diagnose dinieren sie in einem Restaurant, Felix isst nichts und Marie entgegnet, nachdem er ihrer Aufforderung zu trinken und zu essen nicht nachkommt: „Da kann ich auch nicht [...]. "[79] Felix beginnt früh zu rechnen: „Du", sagte er ganz plötzlich, „die acht ersten Tage sind um,"[80] und die Welt in „gesund" und „krank" einzuteilen: „Du bist so schön, oh! Und so gesund. Was für ein herrliches Recht hast du ans Leben."[81] Über den Freund Alfred meint er betont scherzhaft zu Marie: „Und jung und gesund und hat vielleicht noch vierzig Jahre vor sich – oder hundert." [82]

Marie gibt sich der vollkommenen Verleugnung und des Nicht-Wahrhaben-Wollens hin, die sie gedanklich erst sehr spät aufgeben wird, gegenüber Felix erst im Moment der Flucht. Felix hofft indes inständig: „Sonnenstäubchen flimmerten, und überall, überall Hoffnung, Hoffnung, Hoffnung!"[83]

4.3 Sommer

Die beginnende Kluft zwischen Marie und Felix wird ihr schmerzlich bewusst, als sie nach einer unruhigen Nacht den Morgen freudig begrüßt:

> „Es war schön, so eine Weile allein zu sein inmitten der großen Stille – weg aus dem engen, dunstigen Zimmer. Und mit einem Male durchzuckte sie die Erkenntnis: sie war gern von seiner Seite aufgestanden, [...] gern allein!"[84]

---

[76] Ebd. S. 52.
[77] Ebd. S. 55.
[78] Ebd. S. 5
[79] Vgl. Schnitzler (Anm. 3), S. 9.
[80] Schnitzler (Anm. 3), S. 23.
[81] Schnitzler (Anm. 3), S.14.
[82] Ebd. S. 20.
[83] Ebd. S. 15.
[84] Ebd. S. 33.

Noch bevor Felix seine Partnerin an ihr Versprechen mit ihm zu sterben das erste Mal erinnert, distanziert sich Marie innerlich so von ihm, dass ich folgende Stelle als Todeszeitpunkt der Liebe von ihrer Seite werte:

> „Sie faßte vor allem den [Gedanken], die Heftigkeit seiner Liebe so weit als möglich abzuwehren. Ach, sie wollte so milde, so klug sein, daß es nicht wie Abwehr, daß es nur wie eine neue bessere Liebe aussehen sollte."[85]

Zu diesem Zeitpunkt hat sie sich eindeutig fürs Leben entschieden, wenn sie auch im späteren Verlauf noch halbherzige Bekundungen machen wird, mit ihm sterben zu wollen. Nach ihrem Entschluss, den sie Felix nicht mitteilt, erwähnt dieser den Schwur, den sie ihm im Frühling gab: „Es war zum mindesten – einmal deine Absicht? Mein Schicksal sollte ja das deine sein?"[86] Ihr „Ja" ist nun nicht mehr authentisch und fortan wird Furcht, dass er darauf weiter beharren wird, ihr Zusammenleben dominieren. Marie wird von einer „lähmenden Angst" beherrscht, die sie in die Welt der Phantasie treibt, Mitleid und Pflichtgefühl sind so stark in ihr verankert, dass sie aber bis zu dem Moment, in dem Felix das zweite Mal handgreiflich wird, nicht von seiner Seite weicht.

Felix hat erstmals konkrete Tötungsphantasien: „Da jetzt ein kleines weißes Pulver und da hinein ins Glas – wie einfach wäre das! *Er war ein wenig gerührt über sich.* [Hervorh.: R.H.]"[87] Schrecken, Scham oder Schuldgefühle wären Empfindungen, die in Anbetracht dieser Vorstellung passender wären.

4.4 Herbst

Felix empfindet „begierigen Zorn", wenn er Marie ansieht und entwickelt Hassgefühle gegenüber Alfred: „Er haßte ihn."[88] Dabei fordert dieser lediglich freundlich bestimmt einen achtsameren Umgang mit Marie: „Ihr Felix wird wenig von seiner Genesung haben, wenn sie dann krank werden wollen"[89] und: „Wenn Sie's so weiter treiben und ganz Engel sind, so ruinieren sie sich. Ja, schauen Sie nur einmal da in den Spiegel hinein. Sie ruinieren sich."[90] Aber Felix hat sich schon von Marie entfernt, dass er kein Verständnis mehr für sie aufbringen kann, da

---

[85] Ebd. S. 34.
[86] Ebd. S. 36.
[87] Ebd. S. 51.
[88] Ebd. S. 71.
[89] Ebd. S. 70.
[90] Ebd. S. 71.

14

„ja dieses Weib verpflichtet sei, mit ihm zu leiden, mit ihm zu sterben. Sie ruiniert sich; nun ja, selbstverständlich. Hatte sie vielleicht die Absicht, rote Wangen und glühende Augen zu behalten, während er seinem Ende zueilte?"[91]

Er ist so klug diese Worte nicht auszusprechen, dennoch spürt Marie was in ihm vorgeht: „Nein ihr war, als reiße er sie zu sich nieder, eigensinnig, neidisch, weil sie nun einmal ihm gehörte."[92]

Felix erweitert sein Fantasierepertoire Marie zu ermorden: „Ein fester Druck hier am Halse, und es ist geschehen."[93] Er erkennt aber, dass Marie noch zu viel Potential hat ihm glückliche Momente zu bescheren: „Nein, es wäre dumm! Noch steht ihm manche Stunde der Seligkeit bevor;"[94] Die „schlafende Sklavin"[95] wird zum Konsumgut – austauschbar, denn „irgend eine andere wäre ihm [...] gerade so lieb gewesen."[96] Die „Dolchstoß - ins – Herz - Variante"[97] komplettiert Felix' kreative Mordgedanken.

In Kapitel 5 beziehe ich mich auf Kübler-Ross' jahrzehntelange Forschungsarbeit in der Beobachtung von Kranken und Sterbenden und weise den von ihr beschriebenen Sterbephasen in *Verstehen was Sterbende sagen wollen* passende Textstellen aus *Sterben* zu, die einen Einblick in den Kampf im „Grenzzustand" der Protagonisten geben soll.

5   Phasen des Sterben - Kübler-Ross

Die meisten Patienten erleben fünf Phasen des Sterbens. Die Sterbephasen werden auch von den Angehörigen durchlebt,[98] wie an Marie sehr eindrucksvoll zu erkennen ist.

5.1.1   Verschwörung des Schweigens

„Schock und Nichtwahrhabenwollen" wohnen der ersten Phase des Leugnens inne. In dieser Phase hören die Kranken nicht zu, können Einzelheiten, die ihnen ihr Arzt mitteilt nicht aufnehmen.[99] „Wenn sie zu ihrer Arbeit zurückgekehrt sind, tun sie oft so, als sei ihnen nichts Schlimmes zugestoßen, und stecken den Kopf in den Sand."[100]

---

[91] Ebd.
[92] Ebd. S. 73-74.
[93] Ebd. S. 54.
[94] Ebd.
[95] Ebd.
[96] Ebd. S. 50.
[97] Vgl. ebd. S. 55.
[98] Vgl. Elisabeth Kübler-Ross: Verstehen was Sterbende sagen wollen. Einführung in ihre symbolische Sprache. Stuttgart: Kreuz ³1982, S. 51.
[99] Vgl. Kübler-Ross (Anm. 99), S. 37.
[100] Ebd. S. 37.

Kübler-Ross merkt jedoch an, dass neun von zehn Patienten sich lediglich aus Sicht der Angehörigen in dieser Phase befinden und spricht von der „Verschwörung des Schweigens,"[101] der die Kranken nur zustimmen, damit sie nicht im Stich gelassen werden; so hören sie zu wenn, über „die schönen Blumen oder das gute Wetter [gesprochen wird]".[102] Marie entpuppt sich als wahre Meisterin des Nichtwahrhabenwollens und Verleugnens. Im ersten Schockmoment: „Sie aber mit aufgerissenen Lidern, totenblaß, verstand nichts, wollte nichts verstehen"[103] – oder als Felix erklärt, dass sein Arzt Tabula rasa gesprochen hat, erwidert sie: „Aber nein, er hat dir nicht die Wahrheit gesagt. Der hat dir sicher nur Angst machen wollen, damit du vorsichtiger wirst"[104] und fragt: „Es ist nicht wahr, wie? Nicht wahr?"[105]

Kranke ziehen sich ins Leugnen zurück, wenn sie auf Menschen treffen, die gehemmt sind, über das Sterben zu sprechen.[106] An einem Sommertag will Felix mit Marie über seine Ängste reden: „Er trommelte mit den Fingern auf dem Tisch herum. So wehrlos komme ich mir vor. Plötzlich überfällt es einen."[107] Ihre Reaktion: „Aber Felix, Felix."[108] Er wird daraufhin wütend und Marie beschwichtigt: „Felix, ich bitte dich, du regst dich auf. Es ist sicher nichts."[109] Das Bedürfnis über das eigenen Sterben sprechen zu können, ist für Felix elementar: „Oh, mein Fräulein, ich soll sterben, und Sie sollen nicht einmal die kleine Unannehmlichkeit haben, mich davon reden zu hören."[110] Felix findet keinen Weg mit der engsten Vertrauten in seinem Leben zu sprechen, da sie das Verleugnen nicht ablegen kann:

> „Ich fühle es ja, sagte sie mit dem Tone ehrlicher Überzeugung, daß du mir bleibst. Du kannst es ja selber gar nicht beurteilen, wie du dich erholst. Du mußt jetzt nicht mehr daran denken, dann ist jeder böse Schatten aus unserem Leben weg."[111]

Ein weiteres Textbeispiel: „Schau, sagte Marie, laß doch die dummen Gedanken. Du mußt dir doch heute schon selber darüber klar sein, daß du wieder gesund wirst."[112]

---

[101] Ebd.
[102] Ebd.
[103] Schnitzler (Anm. 3), S. 9.
[104] Ebd. S. 10-11.
[105] Ebd. S. 13.
[106] Vgl. Kübler-Ross (Anm. 99), S. 38.
[107] Schnitzler (Anm. 3), S. 23.
[108] Ebd.
[109] Ebd.
[110] Ebd. S. 25.
[111] Ebd.
[112] Schnitzler (Anm. 3), S. 25.

Die Angst vor dem Tod überkommt Felix mit großer Heftigkeit, wenn er Marie und Alfred die Worte: „[...] ich fühle mich verpflichtet, mich zu verstellen, und in Wirklichkeit hab' ich doch eine grenzenlose wütende Angst, von der sich gesunde Menschen keinen Begriff machen können [...] "[113] entgegenschleudert, dem die Erkenntnis innewohnt, die Angst vor dem Tod „ist so natürlich wie das Sterben selbst."[114] Erst sehr spät anerkennt Marie die deterministische Komponente der Krankheit, wenn sie sich still fragt: „Wie lange wird es noch dauern? Es gibt keine Rettung."[115]

5.1.1.1 Alfred - Verschwörer des Schweigens

Wie bereits erwähnt besteht Felix' Welt aus zwei Personen, deshalb kommt der Kommunikationsstrategie und dem Verhalten Alfreds besondere Bedeutung zu, da er erheblich zu Felix' Verharren in den ersten zwei Phasen beiträgt.

Schader sieht in den „Arztlügen Alfreds"[116] den Nährboden für die „trügerischen Hoffnungen"[117] und sein „verzweifeltes Aufbegehren"[118]. Sie nennt Alfred einen „Verbündeten im Verleugnungsprozeß,"[119] der seinem Freund die fatale Botschaft Professor Bernards vergessen lassen möchte:[120] „Es hat sich schon so mancher Professor geirrt."[121] Kübler-Ross interviewte und begleitete im Laufe der Jahre viele sterbende und kranke Menschen. Die Mehrzahl wünscht sich nach ihren Angaben einen Arzt, der ihnen ehrlich gegenüber tritt und gleichzeitig Raum für Hoffnung lässt.

Felix spürt sehr in sich hinein, bemerkt kleinste körperliche Veränderung stets argwöhnisch, bedauert sogar: „Wenn er nur nicht von Jugend auf gelernt hätte, sich selbst zu beobachten."[122] Bei einem sommerlichen Ausflug auf den See, als die Luft kühl wird „da bemerkte Marie, wie Felix mit der rechten Hand sein linkes Handgelenk umschloß,[123]" und auf die Frage nach seinem Befinden mit: „Fieber hab' ich,"[124]antwortete.

---

[113] Schnitzler (Anm. 3), S.66
[114] Ebd.
[115] Ebd. S. 73.
[116] Schader (Anm. 12), S. 96.
[117] Ebd.
[118] Ebd.
[119] Ebd. 98.
[120] Vgl. Schader (Anm. 12), S. 98.
[121] Schnitzler (Anm. 3), S. 16.
[122] Ebd. S. 39-40.
[123] Schnitzler (Anm. 3), S. 22
[124] Ebd.

Felix wünscht von Alfred im späteren Novellenverlauf Aufklärung über seinen Zustand, der zusehends kritischer wird: „Eines nur möchte' ich wissen. Was das eigentlich gestern mit mir war. Im Ernst, Alfred, das mußt du mir erklären."[125] Alfred entgegnet beschwichtigend, nicht auf seine Frage eingehend: „Ein Riese bist du nun einmal nicht, und wenn man übermüdet ist, kann einem das schon passieren."[126]

Die Hoffnung zu genesen, kann Felix lsehr ange nicht hinter sich lassen, da sie ständig genährt wird. Alfred sogar geht so weit ein Heilungsversprechen zu geben: „[...] bei ordentlicher Pflege wirst du genesen."[127]

5.1.1.2 Hoffnung im Wandel

Kübler-Ross unterscheidet verschiedene Arten von Hoffnung: Hoffnung zu Beginn einer ernsten Erkrankung tritt anders in Erscheinung als Hoffnung gegen Ende des Lebens. Zu Beginn liegt der Hoffnung der Wunsch zugrunde, dass sich die Diagnose nicht bestätigt oder dass sich die Erkrankung in einem gut behandelbaren Stadium befindet mit dem Ziel Heilung und Verlängerung des Lebens zu erfahren. Wenn sich diese Hoffnung bei progredientem Erkrankungsverlauf als unwahrscheinlich herausstellt, tritt eine andere Hoffnungsform zutage die nichts mehr Heilung und Lebensverlängerung zu tun hat:[128]

> „Dann sagt er vielleicht eines Tages schlicht: „Hoffentlich wird etwas aus meinen Kindern", oder: „Ich hoffe, daß Gott mich in sein Reich aufnimmt." Auch das ist Hoffnung."[129]

Felix durchschaut Alfreds beschönigendes Verhalten und entlarvt seine Worte als „Phrasen",[130] „bekannter Truc"[131], „Schwindel"[132], „Mätzchen"[133] - bezeichnet ihn ironisch als „großen Psycholog".[134] Nichtsdestotrotz lässt er sich von dem Schauspiel einlullen und „verführen": „[...] so ertappte er sich doch wiederholt [...], dass er von der Welt und den Menschen plauderte, als sei es ihm bestimmt, noch viele Jahre im Licht der Sonne und den Lebendigen zu wandeln."[135]

---

[125] Ebd. S. 61.
[126] Ebd. S. 62.
[127] Schnitzler (Anm. 3), S. 62.
[128] Vgl. Kübler-Ross (Anm. 99), S.36.
[129] Ebd.
[130] Schnitzler (Anm. 3), S. 17.
[131] Ebd. S. 63.
[132] Ebd. S. 61.
[133] Ebd. S. 62.
[134] Ebd. S. 19.
[135] Ebd. S. 64.

Wie bereits erwähnt, wird Felix' Hoffen auf Heilung quasi bis zum letzten Atemzug von Alfred und Marie gefördert. Aber Felix spürt auf der Reise nach Meran, das diese seine letzte sein wird. Sein körperliches Befinden straft ein Hoffen auf Heilung Lügen und so verändert er den Hoffnungsfokus. Das Verlangen zu leben, muss er offensichtlich aufgeben; das Verlangen - wenn sein Sterben schon nicht abwendbar ist - wenigstens nicht alleine gehen zu müssen, wird drängender, wenn er urgierend fragt: „Bist du bereit?"[136] „Du hast mir ein Recht gegeben, so zu fragen [...],"[137] erinnert er Marie an ihr Versprechen an den „entschwindenden Maitag"[138], an dem alles begann oder besser gesagt aufhörte. Felix muss aber erkennen, dass seine körperlichen Kräfte so schwach sind, dass er Marie körperlich nicht mehr überlegen ist und versucht es mit veränderter Taktik: „Du bist ja frei, auch dein Schwur bindet dich nicht. Kann ich dich zwingen? – Willst du mir nicht die Hand reichen?"[139] Sie verweigert ihm ihre Hand nicht, „[...] aber so, daß die ihre über der seinen ruhte"[140], - bereits fluchtbereit.

Noch immer hält Marie ein starkes Gefühl der Verantwortung ab, tatsächlich zu fliehen und so beziehe sie gemeinsam mit Felix ein Zimmer in Meran. In der päfinalen Phase kurz bevor der Tod eintritt ist zu lesen: „Von seinem Lippen herab floß etwas Blut."[141]

Felix erleidet einen Blutsturz, als er nach langer Bewusstlosigkeit wieder zu sich kommt, weiß er: „Es ist diesmal gut gegangen."[142] „Aber es darf nicht noch einmal kommen, sonst bin ich verloren."[143] Marie hält ihr Verhalten, dass auf Täuschen und Beschwichtigen aufbaut bis zum Schluss durch: „Aber! Du siehst ja, daß du dich schon wieder frisch fühlst."[144] Marie bleibt auch nachdem er ihr leise droht: „Denn, wenn ich davon muß, nehm' ich dich mit"[145] und wacht die Nacht hindurch bis der Morgen anbricht.

---

[136] Schnitzler (Anm. 3), S. 91.
[137] Ebd. S. 92.
[138] Ebd. S. 5.
[139] Ebd. S. 93.
[140] Ebd.
[141] Schnitzler (Anm. 3), S. 96.
[142] Ebd. S. 98.
[143] Ebd. S. 99.
[144] Ebd. S. 99.
[145] Ebd. S. 99

5.1.2 Wut und Zorn

Diese Phase ist gekennzeichnet von der „Warum-ich?"-Frage und der Kranke legt unangenehmes Verhalten an den Tag, ist undankbar und kritisiert die Umgebung.

Die „schlimmste Art von Feindseligkeit"[146] gegenüber dem Kranken ist ihn mit „Freundlichkeit mundtot [zu machen]."[147] Felix wird von Marie und Alfred zusehends „entmündigt" und beschwert sich: „Und ich! Was tu' ich denn? Was? Wenn ich da ruhig mit euch rede von allen möglichen Dingen, die mich nichts mehr angehen, was tu' ich denn?"[148] Die untere Textstelle lässt erkennen, wie schwierig es für den Kranken ist dieses „Spiel" mit zu spielen.

> „In manchen Stunden aber reizte ihn die milde Fröhlichkeit, welche Marie um ihn zu breiten suchte, und wenn sie da zu plaudern anfing von irgend einer Neuigkeit [...], da unterbrach er sie mitunter, bat sie, ihn gefälligst in Frieden zu lassen und ihn zu verschonen."[149]

Felix erkennt, dass er Statist in einer Komödie ist und spricht zu sich „daß es ja nur die Pflicht jener beiden [Marie und Felix] sei, ihm die Komödie vorzuspielen, welche eben gegenüber Schwerkranken seit jeher mit wechselndem Glück gespielt wird."[150]

Zorn gegen Gesundheit, Vitalität und Energie Gesunden gegenüber ist bemerkbar: Der Kranke ist neidisch und wütend auf das, was er bereits zurücklassen musste oder noch lassen wird,[151] wie Felix, als er mit Marie im Sommer in der belebten Stadt Salzburg unterwegs ist:

> „Hier vor ihm schritt, was er am tödlichsten haßte. Ein Stück von dem, was noch hier sein wird, wenn er nicht mehr ist, etwas, das noch jung und lebendig sein und lachen wird, wenn er nicht mehr lachen und weinen kann."[152]

Felix fühlt sich wie ein Verurteilter und hat das Heucheln satt, als diese Empfindungen in einem Wutausbruch aus ihm heraus brechen:

> „Ihr zwei glaubt wohl auch [...], daß ihr der Ewigkeit ruhig ins Auge schaut, weil ihr eben noch keinen Begriff von ihr habt. Man muß verurteilt sein wie ein Verbrecher – oder wie ich, dann kann man darüber reden."[153]

---

[146] Kübler-Ross (Anm. 99), S. 49.
[147] Ebd.
[148] Schnitzler (Anm. 3), S. 65.
[149] Ebd. S. 63.
[150] Ebd. S. 64.
[151] Vgl. Kübler-Ross (Anm. 99), S. 50.
[152] Schnitzler (Anm. 3), S. 49.
[153] Ebd. S. 66.

Alfred findet Felix „hypochondrisch"[154] und Marie beruhigt ihn sanft: „Es geht dir ja jetzt so gut [...]."[155] Felix bleibt wütend: „Glaubt sie das am Ende wirklich?"[156] Fordernd verlangt er: „Kläre sie doch endlich einmal auf [...]."[157] Aber Aufklärung kann oder will der Freund nicht leisten.

5.1.3 Waffenstillstand durch Verhandlung

In der Phase des Verhandelns gibt der Kranke ein Versprechen im Austausch für die Verlängerung seines Lebens – häufig ist Gott der Verhandlungspartner. Dieses Stadium sieht nur nach Frieden aus, vielmehr ist es ein Waffenstillstand, der Patient erscheint mit seinem Schicksal versöhnt, aber „er hofft und bittet um einen kleinen Aufschub [...]"[158]. Der Wunsch die Angelegenheiten zu regeln, wie beispielsweise ein Testament zu machen, wird häufig geäußert.[159] Felix ist es nicht möglich, die Phasen der Verleugnung und des Zorns hinter sich zu lassen und in die Verhandlungsphase zu gelangen.

Über ein Testament (wie über vieles andere auch) denkt er nur kurz nach, verfolgt den Gedanken jedoch nicht ernsthaft weiter: „Er mußte sich erst zur völligen Lebensverachtung durchringen, um dann, der stummen Ewigkeit ruhig entgegensehend, wie ein Weiser seinen letzten Willen aufzuzeichnen."[160] Weiters heißt es: „sein letzer Wille sollte ein Gedicht sein, ein stiller, lächelnder Abschied von einer Welt, die er überwunden."[161]

5.1.4 Depression

Diese Phase ist von starker Traurigkeit geprägt und spaltet sich in reaktive Depression über vergangene Verluste und den Vorbereitungsschmerz, in dem um zukünftige Verluste getrauert wird. Nicht nur der eigene Tod wird betrauert, es ist auch ein Bewusstwerden über den Verlust aller Menschen und Dinge, die das Leben mit Sinn erfüllen.

---

[154] Vgl.
[155] Ebd.
[156] Ebd.
[157] Ebd.
[158] Kübler-Ross (Anm. 99), S. 53.
[159] Vgl. ebd.
[160] Schnitzler (Anm. 3), S. 28.
[161] Ebd.

Kübler-Ross stellt in diesem Zusammenhang fest:

> „Wenn ich meinen Mann verlöre, würde jeder mir erlauben, um diesen Verlust ein ganzes Jahr lang zu trauern. Wenn ein Mensch den Mut hat, seinem Tod ins Auge zu sehen, dann erfährt er damit den Verlust von allem und jedem, was in seinem Leben Bedeutung hatte – und das ist tausendmal schlimmer."[162]

5.1.5 Frieden

Die Phase des Annehmens ist gekennzeichnet von innerem und äußeren Friedens, verbunden mit dem Gefühl von Heiterkeit, grenzt sie sich von Resignation deutlich ab, die mit dem Gefühl der Niederlage assoziiert ist.[163] Kübler-Ross meint dazu nüchtern: „Ich schätze, daß ungefähr achtzig Prozent der Patienten [...] sich im Stadium der Resignation befinden."[164] Mehrere Komponenten dürften in Felix' Fall dazu führen, dass auch er das Stadium des Annehmens nicht erreichen kann. Einerseits wird die Hoffnung auf Genesung konsequent genährt, andererseits wohnt seiner Persönlichkeit ein ausgeprägter Egoismus inne, der sich im progredienten Krankheitsverlauf verstärkt und die Vorstellung vom gemeinsamen Liebestod zur Idée fixe werden lässt, die ihm ein Annehmen nicht erlaubt.

Matthias ist der Ansicht, dass der Tod das „sterbende Ich in einen verzweifelten Egoismus treibt, der alle zwischenmenschlichen Bindungen zerstört."[165] Ich komme auf die einleitende Ausgangsprämisse zurück:

> „Das rein pathologische [!] ist nun einmal für die Kunst verloren, so rett ich [...] den Helden in einen Grenzzustand, einen Kampf, indem er unterliegt."[166]

Schnitzler entwirft einen Helden mit Hang zu pathologischen Tendenzen, die wesentlich den Charakter der Figur prägen, wie etwa der jungen narzisstisch-depressiven Else.

In einer Krisensituation „kippt" die Figur Felix wie Else ins definitiv Pathologische und der Kampf und die Erzählungen enden. Ich teile die Ansicht nicht, dass Felix in den Egoismus „getrieben" wird. Vielmehr dürfte dieser bereits vor der Erkrankung Teil seines Wesens gewesen sein. Durch die Todesbedrohung verstärkten sich die krankhaften Tendenzen lediglich.

---

[162] Ebd. S. 59.
[163] Vgl. ebd. S. 63-65.
[164] Ebd. S. 65.
[165] Matthias (Anm. 6), S. 64.
[166] Schnitzler (Anm. 1), S. 78.

22

6   Regression in kindliche Abhängigkeit nach Bräutigam und Christian

„Ein gewisser Rückzug auf sich selbst, Erhaltung der Energie, die Ausschaltung äußerer, die Krankheit nicht betreffender Fragen kann eine Form [...] der Auseinandersetzung mit dem eigenen Zustand sein."[167]

Bräutigam und Christian geben zu bedenken, dass „ausgesprochene Regression"[168] sich auf den körperlichen Zustand negativ auswirken kann,[169] wenn der Rückzug auf eine „kindlich abhängige und fordernde Stufe [...] mit gesteigerter Abhängigkeit, hypochondrischer und wehleidiger Überbesorgtheit"[170] führt. Die Inversion der Geschlechterrollen führt in *Sterben* dazu, dass der überlegene Mann mit Neigung zum autoritären Verhalten sich immer mehr auf eine kindliche Stufe zurück zieht oder besser gesagter von Marie zum „Kind" degradiert wird.

Schnitzler markiert diese Veränderung der Rollenbilder im Text in der Verwendung der Anredeform „Kind", die Felix zu Beginn häufig für Marie verwendete, mit der aber Marie im späteren Novellenverlauf den Kranken anspricht. Matthias weißt in diesem Zusammenhang auf die „Richtungsänderung der Anredeform Kind"[171] hin. Mit den Worten „[...] du bist ein braves, braves, ein sehr braves Mädel"[172] zeigt Felix seine (noch) überlegene Position Marie gegenüber. Als Marie aber erkennen muss: „Er denkt nur mehr an sich,"[173] sich die Entfremdung bereits im fortgeschrittenen Stadium befindet und Felix panisch reagiert, als sich Marie eine erste kurze Pause - nach tagelangen Verharren an seinem Krankenbett - im Freien gönnt, ist zu lesen: „Er legte den Kopf an ihre Brust, wie ein krankes Kind."[174]

Die Gesten, mit denen sie ihn zärtlich berührt, werden immer mütterlicher:

„ Und da strich sie dann wohl ganz mechanisch mit den Händen über seine Stirn und Haare [...], so wie man ein unruhiges Kind beschwichtigt."[175]

Marie antwortet ihm auf der finalen Reise mit: „Du bist ja ein Kind, Felix,"[176] als er sie verzweifelt und weinend um Schwureinhaltung bittet.

---

[167] Bräutigam, Walter Christian, Paul: Psychosomatische Medizin. Ein kurzgefaßtes Lehrbuch für Studenten und Ärzte. Stuttgart: Thieme [2]1975, S. 226.
[168] Ebd.
[169] Vgl. ebd.
[170] Ebd.
[171] Matthias (Anm. 6), S. 72.
[172] Schnitzler (Anm. 3), S. 63.
[173] Ebd. S. 73.
[174] Ebd. S. 79.
[175] Ebd. S. 80.
[176] Ebd. S. 92.

7   Literarisierung des therapeutischen Nihilismus

Der Tod Professor Bernards, der offensichtlich von seiner eigenen Krankheit nichts wusste,[177]erfüllt Felix und Marie mit wohlverdiente[r] Genugtuung"[178]. Schader sieht in dieser Textpassage Wissenschaftskritik, in der sich Unsicherheit „innerhalb einer von ihm repräsentierten, ganz auf die Diagnostik ausgerichteten medizinischen Richtung"[179]offenbart. Der therapeutische Nihilismus, eine medizinische Schule, die als Gegenströmung zur Polypragmasie[180] noch bis ins 20. Jahrhundert wirkte, ist auch als Ergebnis einer naturwissenschaftlichen Methodik zu werten. Der therapeutische Nihilismus nahm eine diametrale Position zum therapeutischen Skeptizismus ein, bei dem Heilen an erster Stelle stand.[181]

> „Eine genaue Analyse der medizinischen Entwicklung in den letzten 200 Jahren zeigt, daß mit dem Aufkommen der Naturwissenschaften die Diagnostik viel früher und viel erfolgreicher einsetzte als die Therapie." [182]

Bis in die erste Hälfte unseres Jahrhunderts war das „Bestreben den Sektionsbefund möglichst genau vorauszusagen"[183] größer als der Ehrgeiz zu heilen.[184] In *Sterben* erfolgt außer den Anordnungen Genesungsurlaube zu machen und die Gabe von Morphium kein therapeutisches Eingreifen. Therapeutische Maßnahmen und Gespräche sind als Ausdruck menschlicher Zuwendung essentiell für Kranke und Sterbende.

Das Einstellen therapeutischer Maßnahmen forciert das Gefühl, aufgegeben worden zu sein.[18] „Diese Erkenntnis ist das wichtigste Argument gegen jeden radikalen therapeutischen Nihilismus, der der aktiven Euthanasie nahesteht."[186]

---

[177] Vgl. Schader (Anm.), S. 101.
[178] Schnitzler (Anm. 3), S. 45.
[179] Schader (Anm. 12), S. 101.
[180] sinnlose Behandlung mit zahlreichen Medikamenten: Willibald Pschyrembel (Hg.): Pschyrembel. Klinisches Wörterbuch. Berlin: de Gruyter [259]2001, S. 1340.
[181] Vgl. Schader (Anm. 12), S. 102.
[182] Rudolf Gross: aerzteblatt.de. Vom therapeutischen Nihilismus zur Polypragmasie. Dtsch Arztebl 1985; 82(31-32): A-2254www.aerzteblatt.de/archiv/124022/ (Stand: 27.08. 2014).
[183] Ebd.
[184] Vgl. ebd.
[185] Vgl. Dietfried Jorke: Therapeutischer Nihilismus bei infaust Kranken: link.springer.com. (Stand: 27.08.2014)
[186] Ebd.

In der Terminalphase negiert der Kranke seine Ängste oder artikuliert sie verstärkt als Ausdruck der Angst oder als Ruf nach Hilfe und Zuwendung.[187] Vor der letzten Reise nach Meran wirft Felix Marie und Alfred vor: „Verkommen laßt ihr mich, elend verkommen [...]."[188] Verzweifelt schreit er: „Es geschieht ja gar nichts mit mir, gar nichts. Es bricht über mich herein; man rührt keine Hand, es abzuwenden."[189] Der Vorwurf ergeht an den Freund: „[...] du gibst mich einfach auf. Du läßt mich da liegen und Morphium nehmen."[190]

7.1 Ärztliches Verhalten zwischen Aufklärung und Hoffnung

Schnitzler entwirft kein Ärzte-Ideal, wie es im poetischen Realismus Niederschlag fand, begegnet dem Ärztestand in *Sterben* skeptisch. Schader weist auf die Distanz Schnitzlers zwischen der Neigung zur Medizin und der Distanz zum Beruf des Arztes hin.[191]

„Die Diagnose, die [...] in „Sterben" gestellt wurde, blieb ohne Therapie. Dies trifft jedoch auch für die Diagnose ärztlicher Interaktion mit hoffnungslos Kranken und vor allem für die Diagnose menschlichen Verhaltens in Angesicht des Todes zu."[192]

Professor Bernard, der „Todesbote"[193] in *Sterben*, ist der Einzige, der Felix die diagnostische Wahrheit zuteil werden lässt, entlässt ihn aber ohne jegliche Strategie und menschlichen Beistand. Es war vorherrschende Meinung der Ärzteschaft des ausgehenden 19. Jahrhunderts, dass Tuberkulosekranken die Diagnose nicht verheimlicht werden soll.[194] Als letzter und dritter Vertreter des Ärztestandes hat ein namenloser Meraner Arzt Kontakt zu Felix, der „nur schemenhaft gezeichnet wird."[195] Als Felix einen Blutsturz erleidet, sucht dieser ihn auf und gibt auf Maries Fragen, das weitere Procedere betreffend, folgende Antwort: „Kann ich noch nicht sagen. [...]. nur ein wenig Geduld! Wir wollen hoffen."[196]

Auch heute noch wird ärztliches Verhalten gegenüber unheilbar Kranken kontrovers diskutiert.[197] Kappauf zitiert zu Beginn seiner Ausführungen den berühmten Mediziner Christoph Wilhelm Hufeland (1762-1836) mit: „Schlaf und Hoffnung sind die beiden besten

---

[187] Vgl. ebd.
[188] Schnitzler (Anm. 3), S. 80.
[189] Ebd. S. 81.
[190] Ebd.
[191] Vgl. Schader (Anm. 12), S. 105.
[192] Schader (Anm. 12), S. 105-106.
[193] Ebd. S. 100
[194] Vgl. ebd.
[195] Ebd. S. 98.
[196] Schnitzler (Anm. 3), S. 96.
[197] Vgl. Schader (Anm. 12), S. 100-101.

Elixiere."[198] Hufeland versteht Hoffnung einerseits quasi als Medikament, das ärztlich verordnet werden kann; folgende Aussage wird ihm zugeschrieben:[199] „Den Tod verkünden, heißt den Tod geben."[200] Und auch heute noch fällt vielen Medizinern eine offene Kommunikation, sich zwischen Aufklärung und Hoffnung befindend, schwer. Wie Alfred in *Sterben* verabreichen sie die Medizin „Hoffnung" in hohen Dosen, obwohl es keinen empirischen Beleg dafür gibt, dass Hoffnung die Prognose im Sinne verbesserter Heilungschancen beeinflusst.[201] Kappauf fordert:

> „Vielmehr muß eine dialogische Struktur des Aufklärungsprozesses dem Patienten und seinen mitbetroffenen Bezugspersonen ein Modell bieten, sowohl für den gegenwärtigen als auch den zukünftigen Umgang mit angstbesetzten und bedrohlichen Krankheitsthemen."[202]

Kommunikative Kompetenz ist seiner Meinung nach eine wichtige Voraussetzung für eine gelungene Aufklärungssituation. Abschießend merkt er an, dass es weniger darum geht dem Kranken Hoffnung „einzuflößen", sondern darum, Hoffnung realistisch und konkret zu bestätigen.[203] „Hoffnung schwindet dann, wenn Handlungsoptionen nicht mehr bestehen,"[204] wie es das Textbeispiel in Kapitel 7 verdeutlicht.

8 Conclusio

Nach eingehender Besprechung der Novelle *Sterben* anhand einiger meines Erachtens nach relevanter Textstellen wurde der Kampf eines Menschen und seiner Umgebung im „Grenzzustand" skizziert. Kübler-Ross' Erläuterungen der fünf Sterbephasen erleichtern das Verständnis der psychischen Verfassung des sterbenden Felix. Sie zeigt wie bedeutungsvoll empathisch aufrichtiges Verhalten Kranken gegenüber ist.

An den gewählten Textpassagen wird erkennbar, dass ein „Vorrücken" in die Phase des Annehmens, in der Frieden gefunden werden kann, beträchtlich von den den Kranken umgebenden Menschen abhängt.

---

[198] Herbert Kappauf: Aufklärung und Hoffnung – ein Widerspruch? In: 3. Kongreß der Deutschen Gesellschaft für Palliativmedizin. 28. bis 30. September 2000 in Göttingen. Med- Report. Organ für ärztliche Fortbildungskongresse. 24 (2000), H. 36, S. 9.
[199] Vgl. ebd.
[200] Ebd.
[201] Vgl. ebd.
[202] Ebd. S. 12.
[203] Vgl. ebd.
[204] Ebd.

Das „Einflößen" von Hoffnung um jeden Preis, die Befindlichkeiten und Wünsche des Kranken ignorierend, erschweren das Loslassen, das für einen jungen Menschen, der auf sein „Recht" auf Leben und Glück verlangt, schwierig genug ist. Felix' (mangelnde) persönliche Ressourcen verhindern in Kombination mit dem inadäquaten Umgang seiner Umgebung einen „friedvollen" Tod. Es dürfte hinreichend gezeigt worden sein, dass Schnitzler dem zeitgenössischen Umgang Kranken gegenüber kritisch gegenüber stand.

Aufgrund der Erzählstrategien mittels innerer Monologe und erlebter Rede darf *Sterben* nicht als „nüchterne Studie" abgetan werden, wenn auch ein „distanzierter" Erzähler und das Herauslösen Felix' und Maries aus gesellschaftlichen Kontext, zu der Annahme verleiten könnten, dass es sich um einen „allgemeingültigen Fall" handle.[205]

---

[205] Vgl. Matthias in Kapitel 2.

9 Literaturverzeichnis

Quellenangaben für Zitat und Bild am Titelblatt:

Zitat: Friedrich von Schiller: Über das Erhabene. In: Sammlung der vorzüglichen deutschen Klassiker. Sieben und sechzigster Band. F. v. Schiller Werke XVI. Kleinere prosaische Schriften II. Karlsruhe: ohne Verlagsangabe 1822, S. 128.

Bild: http://derstandard.at/1329703222162/Sothebys-Munchs-Schrei-soll-80-Millionen-Dollar-bringen. (Stand: 30.08.2014).

Primär-und Sekundärliteratur

Bräutigam, Walter Christian, Paul: Psychosomatische Medizin. Ein kurzgefaßtes Lehrbuch für Studenten und Ärzte. Stuttgart: Thieme [2]1975.

Chiellino, Gino: Weil Rosa die Weberin ... *Ausgewählte Gedichte 1977-1991.* Dresden: Thelem 2005.

Grote, Katja: Der Tod in der Literatur der Jahrhundertwende. Der Wandel der Todesthematik in den Werken Arthur Schnitzlers, Thomas Manns und Rainer Maria Rilkes. Frankfurt: Peter Lang 1996.

Kappauf, Herbert: Aufklärung und Hoffnung – ein Widerspruch? In: 3. Kongreß der Deutschen Gesellschaft für Palliativmedizin . 28. bis 30. September 2000 in Göttingen. Med-Report. Organ für ärztliche Fortbildungskongresse. 24 (2000), H. 36.

Kübler-Ross, Elisabeth: Verstehen was Sterbende sagen wollen. Einführung in ihre symbolische Sprache. Stuttgart: Kreuz [3]1982.

Matthias Bettina: Masken des Lebens. Gesichter des Todes. Zum Verhältnis von Tod und Darstellung im erzählerischen Werkt Arthur Schnitzlers. Epistemata: Reihe Literaturwissenschaft: Bd. 256. Zugl.: Seattle, Washington, Diss. 1998. Würzburg: Königshausen & Neumann 1999.

Neymeyr, Barbara: Nachwort. In: Barbara Neymeyr (Hg.): Arthur Schnitzler. Flucht in die Finsternis. Stuttgart: Reclam 2006.

Neymeyr, Barbara: Fräulein Else. Identitätssuche im Spannungsfeld von Konvention und Rebellion. In: Hee-Ju Kim, Günther Saße (Hg.). Interpretationen. Arthur Schnitzler. Dramen und Erzählungen. Stuttgart: Reclam 2007.

Pietzker, Carl: Sterben. Eine nouvelle expérimentale. In: Hee-Ju Kim, Günter Saße (Hg.): Interpretationen. Arthur Schnitzler. Dramen und Erzählungen. Stuttgart: Reclam 2007.
Pschyrembel, Willibald (Hg.): Pschyrembel. Klinisches Wörterbuch. Berlin: de Gruyter [259]2001.

Schader, Brigitta: Schwindsucht – Zur Darstellung einer tödlichen Krankheit in der deutschen Literatur vom poetischen Realismus bis zur Moderne. Europäische Hochschulschriften. Reihe 1. Frankfurt: Peter Lang 1987.

Schnitzler, Arthur: Fräulein Else. Novelle. Johannes Pankau (Hg.). Stuttgart. Reclam 2002.

Schnitzler, Arthur: Sterben. Novelle. Hee-Ju Kim (Hg.). Stuttgart: Reclam 2010.

Schnitzler, Arthur: Tagebuch. 1913-1916. Wien: Österreichische Akademie der Wissenschaften 1983.

Internetquellen

Gross, Rudolf: aerzteblatt.de. Vom therapeutischen Nihilismus zur Polypragmasie. Dtsch Arztebl 1985; 82(31-32): A-2254www.aerzteblatt.de/archiv/124022/Vom-therapeutischen-Nihilismus-zur-Polypragmasie. (Stand: 27.08. 2014).

Jorke, Dietfried: Therapeutischer Nihilismus bei infaust Kranken: link.springer.com. (Stand: 27.08.2014).

10 Anhang

DER ZUFALL, DIESER ZORNIGE GOTT

Der Zufall, dieser zornige Gott
jeder verkannten Möglichkeit
bewohnt von Mal zu Mal
ein offenes Fenster
eine geschlossene Zellentür
die Enge einer Zeche
der Zufall, dieser lachende Gott
tanzt auf dem Platz
vor dem alten Schlachthof
sorgt für Mitleid
um meinen Gedanken
zu widersprechen
der Tod hat die Strafe
vollstreckt.
Sie sind überflüssig
Herr Richter.
Vernichtend bleibt
die Anklage
meine Gedanken für
zufällig zu erklären.[206]

---

[206] Gino Chiellino: Weil Rosa die Weberin ... *Ausgewählte Gedichte 1977-1991*. Dresden: Thelem 2005, S. 41

BEI GRIN MACHT SICH IHR WISSEN BEZAHLT

- Wir veröffentlichen Ihre Hausarbeit,
  Bachelor- und Masterarbeit

- Ihr eigenes eBook und Buch -
  weltweit in allen wichtigen Shops

- Verdienen Sie an jedem Verkauf

Jetzt bei www.GRIN.com hochladen
und kostenlos publizieren

CPSIA information can be obtained
at www.ICGtesting.com
Printed in the USA
BVHW031426200820
586901BV00005B/1844